CEUM

le Iain D. Urchardan

CEUM

le Iain D. Urchardan

Riaghladair Carthannais na h-Alba
Carthannas Clàraichte/
Registered Charity SC047866

Air fhoillseachadh ann an 2026 le Acair,
An Tosgan, Rathad Shìophoirt, Steòrnabhagh, Eilean Leòdhais, HS1 2SD

www.acairbooks.com
info@acairbooks.com

© an teacsa Iain D. Urchardan

An dealbh còmhdaich le Iain D. Urchardan

Tha còraichean moralta an ùghdair/dealbhaiche air an daingneachadh.

Deilbhte agus dèanta le Acair

Na còraichean uile glèidhte. Chan fhaodar pàirt sam bith dhen leabhar seo ath-riochdachadh an cruth sam bith, no a chur a-mach air dhòigh no air chruth sam bith, grafaigeach, eleactronaigeach, meacanaigeach no lethbhreacach, teipeadh no clàradh, gun chead ro-làimh ann an sgrìobhadh bho Acair.

Dealbhachadh an teacsa agus a' chòmhdaich le Mairead Anna NicLeòid aig Acair

Tha Acair mothachail air riatanasan an Aonaidh Eòrpaich a thaobh GPSR.

Gheibhear clàr catalogaidh airson an leabhair seo bho Leabharlann Bhreatainn.

Chuidich Comhairle nan Leabhraichean am foillsichear
le cosgaisean an leabhair seo.

Tha Acair a' faighinn taic bho Bhòrd na Gàidhlig.

Clò-bhuailte le Hobbs, Hampshire, Sasainn

LAGE/ISBN 978-1-78907-215-0

Clàr-innse

EACHDRAIDH TEAGHLAICH

TINNEAS IS LEIGHEAS

DÒIGHEAN A' CHINNE-DAONNA

GÀIDHLIG/DUALCHAS

POILITIGS

EACHDRAIDH TEAGHLAICH

Tinneas Alsaidhmeir

A h-eanchainn loma-làn dher n-eachdraidh
le sàr-chuimhne a thaobh ar dùthchais
is mòr-fhileantas anns a' Ghàidhlig.

Ceòthachadh sna cuimhneachain.
Crìonadh nan lìonmhorachd.

Sgeilbheagan is
spruilleagan

sliseagan 's
spealgan

criomag

bloigh

mìr

Aibhnichean an Loch Cùil

Tha gaothan ag iomain
thonnan gu iomall
an raoin-spòrs;
is luaisgeadh nan tonn
a' plabadaich, le fonn –
a' criomadh na mònadh
gun tròcair,
neo-chòir.

Tha mìrean gan giùlain
air falbh gun
rian
tro aibhnichean làidir,
gu sear is gu
siar.

Tha tinneas Alsaidhmeir
mo mhàthar a' cnàmh
cheallan a h-eanchainne.
Is gràineil a shnàmh
's a rùintean
fhiar.

Ach cà' bheil alltan
a h-inntinn a' siubhal
le bloighean a cuimhne?
Gus an stadar sruthadh
a h-ònrachd chiar ...
gun chiall.

Bha Toirm aig na Tormain

Bha toirm aig na tormain
a' dòrtadh teth trom chuislean,
gad choimhead-sa san doras ud
fod dhraoidheachd is do bhuidseachd.

Bhon chiad là a chunna' mi
do mhaise òg is d' àille,
b' ann leats' a bha tur-ghràdh mo bhith
gun tè a ghabhadh d' àite.

Ged a dh'fhàs sinn tòrr nas sine
cha do lasaich meud mo ghràidh.
Tha mi nas motha – 'nis – nad inne,
nad chomain chaomh 's bidh gu bràth.

Is Mòr mo Ghràdh Dhut

Is mòr mo ghràdh dhut 's a' fàs, a m' eudail,
le spèis nas làine gach èirigh grèine.
Oir tha thu àlainn – cuspair mo dhèidh-sa,
tha thu aig àirde os cionn nan speuran.

Nuair phòs mo chrìdh' thu, ò, b' àrd a leum e,
gu tur dhut ghèill e is leig e èigh às.
Nis dhùsgadh sinne, gach là a dh'èireadh,
nar bòidean àghmhor gu bràth nach trèigear.

Nar càraid còmhla, nar dachaigh spèiseant',
is mòr mo dhèidh air do chomann èibhnn:
gach bliadhn' a-nis, nas fheàrr na 'n tèile.
Ò, 's mi tha deònach leantainn sa cheum-sa.

Nan tachradh beum dhut, bhithinn nam èiginn.
Cha cheil mi m' fheum ort – ach thuig thu fhèin e.
Nad thaic tha misneachd ge b' e an t-èislean,
led làmh nam làimh-sa, thig neart dham
fhèithean.

A bhean as àille, a thaic ro-fheumail,
cha taghainn tèile, oir b' olc am beum e;
is tu an aon tè, adhbhar mo dhèidhe;
is leat mo chridhe – gu bràth, a chèile.

Pasgadh Blàth

Ò, thig, a ghràidh,
a-steach dham chrùb,
dham phasgadh bhlàth
gu bràth nach diùlt
do chomann àigh –
ge b' e ar n-aois.
'S e seo mo rùn
gu saogh'l nan saogh'l!

Dè mu Chlann?

B' e mealtainn teas is mìls' do phòig,
rogha mo chridhe 's e na dheann
gus do phòsadh, a thè ghrinn òig.
Pòsta, chaill mi m' aonar-ghreann.

Tric ri mire 's gàire sòlais,
thog ar gràdh mi às a' ghleann.
Nar leth de dh'aon, theich ar n-ònrachd.
Thug ar n-aonadh neart dhar bann.

Sin mar a bha rè àm nam pòg.
Ach, aon triop – a dh'fhàg mi fann:
a' sireadh bheachd, geàrr-ghreiseag pòst',
dh'fhaighnich thusa, 'Dè mu chlann?'

Stad mi gun smid, mo thùr fo sgleò;
bu trom a' cheist – sgonn nam cheann.
Ach ... dh'aontaich mi gu tur, lem dheòin.
An roghainn a b' fheàrr a bh' ann!

An roghainn a b' fheàrr a bh' ann a bh' ann!

Air mo Chliabh

B' e seo mo phrìomh shochair-sa
nach deach' na b' àirde riamh:
bhith cluinntinn d' anail shocair-sa
's tu cadal air mo chliabh.

A leanaibh gràidh, bu bhàidheil thu
nad eallach àigh: sàmhach, sgìth;
a' diogladh brat mo ghaoisidean,
fann fo thàladh bhreab mo chridh'.

Thaisg mo chuimhne nì ro-àlainn:
àileadh òg – far bhàrr do chinn,
samhail bainne 's blàthach àghmhor,
cùbhrachd chuinnlein, glaist' nam chrìdh!

Ged a dh'fhàs thu gu tur ro chlis,
ghlèidh mi nam chrìdh' d' òige ghrinn.
Is ged a tha thu mòr a-nis
's m' òran thu, le fonn ro-bhinn.

Bheir mi gràdh dhut; làn de dh'àgh dhut'
is mo dhàn dhut, a ghaoil mo chrìdh'.
Bheir mi tàmh dhut, àite-gràidh dhut,
làn de bhàidh dhut – oir thog thu mi.

Càr Fàsail

Chunnaic mi 'n-dè nam sgàthan,
mo mhàthair dhìleas, àlainn,
cuide ri a h-athair còir
's a' ghràdhag bheag, a màthair.

Aithrisidh mi gu h-àghmhor
gun robh 'ad uile sàr-mhath.
Bha 's a co-àl – mar an t-òr,
iriosal, còir is bàidheil.

Sheall mi gu clis is gràdhach
timcheall air a' chàr-sa:
air bean is clann, air an dòigh,
le sùil làn dùil air fàire.

Ach, ruith an ùin' a chàirdean,
tha 'r n-àl gu tur air fàs oirnn.
Is fann a-nis gàir' am plòigh.
Nan aonais ... tha 'n càr fàsail.

Is Dall an Gràdh

Èist rium, a ghràidh, "Is dall an gràdh,"
leig leam a ràdh, ged thuig thu fhèin:
cha b' e a b' fheàrr – d' fhear, a bha ceàrr,
an coilltear dàn bha àrd nad spèis.

Oir mar a bha, thuit thu gu làr,
a' leigeil ràin mar dhonnal bèist',
led chridhe sgàint' na dhachaigh fàs,
bha e gun stà 's tu fhèin an èis.

B' e sin a dh'fhàg ro-mhòr do chràdh
's a chuir do ghàir' na ghnùis fo dhrèin.
Thuig sòlas slàr, thuig dòchas bàs,
caillt' sa chùis-ghràin: bha thu leat fhèin.

Ach thig an là 's èiridh an-àird
fear-bàidh an àigh mar dheàrrsadh grèin:
gabhar do làmh 's le òran gràidh
dannsar le spàirn gu àird' nan speur.

Thig e gun dàil, a' casg do chàis –
snìomh a' bhàird ga chur an cèill;
èiridh 'n-àird gu beath' o bhàs,
ruidhlean is dàin làn gràidh dha chèil'!

Faochag-gheal

Ga blian sa ghrèin,
tha slige fhalamh
leatha fhèin.

Reub gob Guilbnich
a mathas thaisgte
aiste.

Ged a lùigeadh a cinneadh
a toirt dhachaigh –
aig astar –

's fheàrr leathase
oirthir a' chuain,
fo luasgadh 's fo bhleith
creig is stuagh.

Ach, tha i
a' faondradh ...

na h-aonar ...

slige fhalamh ...

leatha fhèin.

Nàirsiosas

San dorchadas,
còig uairean sa mhadainn:
solas d' fhòin air d' aghaidh,
a' lasadh do chraicinn.

Thu a' frasadh bhrathan
air a h-eòlaichean:
a' feuchainn ri
            a sàrachadh,
            a nàrachadh ...
            a cliù a ghànrachadh.
A' sireadh ath-dhìoghaltais,
ged a bu tusa – rithese –
a bha diabhalta:
            ga càineadh,
            ga màbadh,
            ga cur fo thàire ...
            fo eagal anns gach àite.

Làn-ùine air do sgàilean, fhir thrèin,
's tu a' sgrùdadh gu stràiceil
tasglann làn de dhealbhan
dhed bhathais fhèineil fhèin.

A' cur air an t-solais mhòir
's a' sealltainn dhan sgàthan
rè ràithean: mar a nì thu
san lann lùth-chleas
gach là, le àrdan.

Ach, a dh'aindeoin sin, fhir bhrèin,
chan fhaic thu idir thu fhèin.
Chan fhaca riamh
's chan fhaic gu bràth.
Oir, tha do shùil-ghràin bheag-nàir'
làn ... dorchadais.

Broidhleis Màthar

A ceann goirt na bhroidhleis
fo chuideam an-shonais.
        Tha Mam dhìleas a' rànaich.

Leònadh i gu gonail
le gràin fhir ro-dhona
        à sitig cridhe grànda.

Mar nàmh dhi 's na dhonas,
tro h-àl trang ga conas;
        dh'fhàs breab a cridhe sàmhach.

Dhubhadh às a solas
le tàmailt thearrach, dhorch.
        "An deàrrs ùr-ghath a-màireach?"

Ò, deàrrsaidh, seadh, làn sonais –
gheibh esan cùl an dorais,
        's nì ise leum is gàire.

Cha Bhi thu nad Aonar

Tha an aillse nad shròin
toirt deòir gu do shùilean,
tha crith nad leth-deiridh.
Ach cha bhi thu nad aonar.

Tha tinneas nad altan,
tha d' chòta car aognaidh,
tha d' thòn bheag a' sgaoileadh.
Ach cha bhi thu nad aonar.

Tha laigse nad chasan,
tha raige nad ghlùinean,
tha stadaich nad shìnteig.
Ach cha bhi thu nad aonar.

Bidh d' chliù air a thasgadh
nar n-aithris, làn-ùine:
gach mì-mhodh is masladh.
Is cha sguir sinn gad ionndrainn.

Bidh dòrainn gar bioradh
dar thèid thu dhan ùir ud,
a Nìnì bu ghrinne.
Is cha sguir sinn gad ionndrainn.

Thòisich aillse air a' chù againn, Georgie/Nìnì, ann an 2020

A' Chiad Mhadainn às d' Aonais

A' chiad mhadainn às d' aonais:
gach cridh' goirt a' faondradh.
Cha do rinn am bàs do chùmhnadh.
Tha mòr-tholl nar saoghal.

Am b' ann nar n-aisling, a ghaoil bhig,
a thuit thus' dhan ùir ud,
le sneachd' na chuibhrig ro-aognaidh
air corp beag do chùbhrachd?

Oir sgaoil an aillse rè ùine,
's do shròin bhrist' a' bùirich.
Bu ghrad a thòisich ar n-ionndrainn,
is steall saillt' ar caoinidh.

Bha do bheatha leinn làn mhùirne;
's do chleasachd na shùgradh
agus do spòg bheag gar spùinneadh –
'son briosgaid sa chùlaist.

Ron Nollaig 2022 bhàsaich Georgie/Nìnì, an cù a bh' againn airson barrachd air 13 bliadhna.

Margaret Ann Rose Urquhart (1929-2021)

Nur suidhe, blàth sa chathair
san t-seòmar fada shuas,
ur n-aodach glan is snasail
's gun dath a-nis nur gruaig.

Ach thrèig an neart ur casan;
ur bilean fann cha ghluais,
's a-nis cha chluinnear facal
air sgàth sgleò-cinn mar ghual.

Ghoid e ur cuimhne thaisgte,
gach meomhair ghlic a ghluais,
a chlàr ur n-euchdan sgairteil –
às an do rinn sinn uaill.

Cha chuimhne leibh ur comas,
no dè cho tric 's a fhuair
sibh duais-sgoile 's sonas
tro spòrs is obair chruaidh.

Cha chuimhne leibh ur turas
air Vespa geal le luaths,
à Lunnainn gu nead-fuirich
chàirdean a' chinn a tuath.

Cha chuimhne leibh ur dachaigh
a thog sibh, àrd air bruaich:
sib' fhèin 's ur duine flathail,
tha sìnte anns an uaigh.

Ach glèidhidh sinne cuimhne
air dìlseachd, is gach uair
a thug sibh dhuinn mòr-choibhneas.
Cha tèid ar gràdh dhuibh fuar.

Mòrag Bheag

Màthair eile, 's e sin ise,
ar Mòrag Bheag, nach eil bog.
Math air saothair, làn de threise,
is iomadh eallach mòr a thog.

Bha i sgoinneil air a h-obair,
a' toirt còbhrach do sheann daoine.
Thug is dhuinne, tric 's gu h-obann,
mar o dheichnear; na deann daonnan.

Tha i coltach ri a daoine,
buinn a sàilean cha ghlèidh ise.
Lèirsinn 's inntinn gheur ga stiùireadh
ceum air cheum – is i air mhisean!

'S math as fhiach a sgeul aithris:
bana-ghaisgeach dhìleas, chàirdeil;
a modh-beatha air a chaithris
anns gach cridhe: cliù a càirdean!

Dha ar màthair, b' i a piuthar,
dlùth is dìleas, le taic gun stad;
còir is coibhneil is le fiughair
a' tabhainn còbhrach anns a' bhad.

Ach, chlisg sinne ro a h-aillse,
ghabhadh eagal ... is i fo chràdh:
chaill i cuideam, dath mar thaibhse,
b' e seo gun cheist trom-leabaidh càis.

Ò, thuit am bonn às ar saoghal,
oir bha a h-aills' gu mòr a' fàs;
bha Mòrag maol 's a corp ro chaol,
ar Mòmò gràidh; air uchd a' bhàis?

Thuirt an dotair ris an teaghlach
seòladh thuice – gu grad, mar 'bha.
Shiubhail àsan, air muir robhlach,
a dh'fhàgail aice soraidh slàn.

B' e seo an t-àm a bu duibhe
fo sgòth thuil-throm, làn de dhòrainn.
Ach, gun dùil ris, b' e bu bhuidhe:
às an leabaidh dh'èirich Mòrag!

Pà is Granaidh

Ri èirigh grèin nam leanabh,
nam bheatha-sa bha bòidhchead:
àgh 's mòr-ghràdh mo sheanar-sa –
mo chreathal is mo shòlas.

Cha robh e cas no greannach,
ach misneachail 's làn dòchais,
's ged bhiodh e faisg air fannadh
bu chiùin a cheum an-còmhnaidh.

Ach dh'fhuiling Màiri mulad –
a bhean – 's i dubhach, brònach.
Dhi fhèin, dh'fhàs i na cunnart,
fo sprochd: an smalan leòinte.

Chuir e a chùl ris a' mhuir
ged b' àill le chridh' bhith seòladh;
's ghabh e cùram chòignear ghurc:
àl fhèin, nach biodh nan ònrachd!

Gu bàidheil rinn e 'n tasgadh,
cha chrathadh 'ad mar sheògan:
le biadh math is blasta
's a bhlàths gan cumail dòigheil.

Ach bhuin aon nì gu goirt ris
a dh'fhàg a chridhe brònach:
chaill e, tro stròc, a leannan –
a bhean, a Mhàiri òirdheirc.

A-nis bha e gun chèile
on shiubhail a ghràdhag chòir;
cha do sheall e air tèile,
cha bu mhiann leis an còrr.

Fichead bliadhn' gun ghearain
chan fhacas aon sileadh bròin.
Lean esan air gu geanail
a' toirt gràidh dhuinn – còrr is tòrr.

Bha e àghmhor, bàidheil, ciùin,
dòigheil, ealamh, mar an t-òr;
's nuair a dhùin am bàs a shùil
ghuidh sinn dhàsan fàilte Ghlòir'.

Eilthireach

Gheall thu do ghràdh gu bràth dhi
nam feitheadh i ochd ràithean
is thusa dol thar sàile.
Ach, saoil an leanadh fàinne?

Sheòl thu dhan Ghrèig air bàta
chun na h-iachta aig do chàirdean,
a thogail, à gach àirde,
luchd-siridh grèine 's àigh ann.

An dèidh fadachd ràithean,
phòs ise fear nad àite,
is thug i dha mòr-ghràdhachd
rè geamhradh fàs gun ghàire.

Seadh, rach a cor na fhàsaich
fo thiormachd 's fo thàmailt;
thar dheicheadan bha cràdhmhor.
Ach chaochail e gu sàmhach.

'S an tilleadh tus', a nàbaidh,
neo-phòsta – gus a càradh?
Ga togail à staid thàireil
gu tèarmann blàth is sàbhailt?

Ò thill thu dhan t-seann àrainn
nad bhanntraich, is fo fhàillinn,
'sgàth bhuillean shròcan tàireil
a dh'fhàg thu lag is sàmhach.

Shìolaidh neart do shlàinte
ach bha thu fhathast càirdeil.
Chaill suirighe a h-àite
bha 'n latha sin nis bàsmhor.

Nochd dìlseachd dhi nad chàradh:
le dealbh dhith – òg, àillidh –
an cridh' do sporain, sàbhailt'.
Seadh, ghràdhaich thu gud bhàs i!

Bu tu an curaidh àlainn,
led dhealas dìleas, bàidheil
'thug àgh do chridhe cràite:
an laoch 'thug gràdh dham mhàthair.

Dòmhnall Mhìcheil Bhàin, à Barraigh

Chromadh ar dachaigh a ceann
ri gèiltean a' sèideadh nan deann
tron ghleann – eadar
beanntan Mhàrtainn is Chleait.

Oir ruitheadh a' ghaoth gu dian,
grad, geur, bhon àird an Iar,
le corraich a ghearradh mar lann
ceanglaichean iomadh sglèat.

Ach mus togadh sinn an guthan*
nochdadh ar laoch le sruth às:
Dòmhnall Mhìcheil Bhàin –
à Bàgh a' Chaisteil shìos.

Is chuireadh e feadhainn ùra
nan àite, gu sgileil 's le cùram –
gun sèideadh trombaid
no taisbeanadh dha ghnìomh.

Canaidh mòran gur beul a labhras
ach gur gnìomh a dhearbhas,
’s gu dearbh, dhearbh Dòmhnall
gu bheil sin fìor.
Mìle beannachd air a cheann,
ar gaisgeach còir, oir sin a th’ ann –
às a’ phrìomh fhear dhe
na h-Eileanan an Iar.

** ‘guthan’ a bh’ aig cuid air ‘fòn’ ann an Siorramachd Rois an Iar.*

Às an Rathad

Bha ar taigh-ne às an rathad
air an leathad aig ceann na ceum',
seo mar a bha, 's ann is fhathast;
chan ann ge-tà mar bha e 'n-dè.

Cha robh uisge a' ruith tro phìob,
ghabhte sgrìob dhan t-sruth le cuinneag,
sinn gun dealan 's a dheàlradh grinn;
dh'fheumte coinneal, *Tilley* 's uinneag.

Cha robh rathad-mòr nar baile;
air mo ghealladh, neo fiù 's aon chàr.
Bha seòlaid ann sa chùrsa mhara,
dha nach do dhòrtadh càrn de theàrr.

Ach nochd an là: ochdad 's a trì,
nuair sgoltadh ar ceum le cumhachd!
Spreadh 'ad creagan nar raon beag sgìth,
's leag 'ad bothain buileach cuideachd.

Thogadh rathad air a thearradh.
Ò, a charaid, b' e bha dòigheil:
dh'fhosgladh bealach 'chun na gealaich'.
Ach, cha tàinig seo na ònrachd.

Oir, air TBh chuir sinn fàilte
's dh'fhàs an cèilidh neo-tharraingeach.
Ghluais coigrich dha ar n-àrainn –
fo thàladh ùr ar goireasachd.

Bho neart gu neart rinn galldas fàs
is shìol sinn às, a thogadh ann.
Is chailleadh suim gu tur 's gu bràth
air ar dùthchas. Bha 'm bàs sa ghleann.

Seann Aisling nam Bàgh

Ò, thig leam a Bhàigh na Hearadh,
trobhad leam dhan t-sàr-thaobh shear ud,
gu àite-tàimh mo shluaigh gheanail,
a Bhòirseam àigh – fad' o mhachair.

Ò, thig leam gun dàil gu fearann
cnocach m' àraich 's bàidh mo sheanar,
gu eachdraidh gràidh 's tràighean leanaibh.
Gu creagan 's bàigh – 's ann a rachainn!

Ò, mheal sinn ann làithean meara,
càirdeas chàirdean feadh gach fearainn;
poball làidir, còir is ceanail.
Gun ghràc Beurla anns an dachaigh.

Ò, b' e àsan, seadh, gun mhearachd
sàr-iùil a' ghràis – stiùir a leanainn,
le ùrnaigh àigh is beatha sgeanail,
b' e fàilte chridheil seo nach seachnainn.

Cha chuir mi sàil air, a fheara
'sgàth fheansa'n àrd, ùr, neo-gheanail,
a mhill gu bràth modh na Hearadh,
'S àrainn Ghalld' e: fàs, neo-thlachdmhor!

Milan a Tuath (1987)

Dà sheachdain anns an Eadailt
a' mealtainn àrainn obrach,
mi bliadhn' air fhichead 's beagan
nuair dhùisg, nam chridh', mòr-thogradh.

Bha h-aodann cairtidh, àlainn;
i dearg, làn sna bilean;
le sùilean beòthail, àghail
is deàrrsadh-fhiacla mhireil.

Bha a gruag fitheach-dhubh:
ruith gun sgur, cràcach, deàlrach.
Na caomhag òg, grinn gu tur
's a coileantas gam thàladh.

Sheinn fonn is thug mi freagairt,
ged bha mo theagamh bagrach.
San fhactaraidh, fo eagal,
thagh mis' mo làmh a thagradh.

Dh'innis mi seo do neach-obrach,
a' sireadh treòir a bheachd-san;
mheas esan smior mo thograidh –
nach robh mo rùn mì-thlachdmhor.

Thug e thuice sgeul mo bhàidh:
’s rinn e, le àgh, mo mholadh.
Fhreagair ise, ‘Seo mo làmh’ –
is dh’imich sinn gu sona!

Lockerbie: An Dùbhlachd, 1988

Theab mo chridh' crìonadh nam chom
ron naidheachd throm a chunna mi:
air an TBh – toll dubh is lom,
mar spreadhadh-thonn mhòr-ghunnachan!

Bha beum sa bhaile 's losgadh lag
le lasadh 's brag thuit itealan.
Na còmhnaichean air chrith 's 'ad rag
ag inns' mar thuit an 'cisteachan'.

Le doimhne-cràidh bha 'm baile leòint',
daoine le deòir ga fhaireachdainn.
Cò a rinn seo? Drabhas gun ghlòir.
Thuit na cuirp: blàth, ach sgaraichte.

Sa bhaile fhèin, bha tè thar phrìs;
ged b' e mi fhìn rinn dealachadh
cha lùiginn càs no calldachd dhìs',
no dhòmhsa sgal an aithreachais.

Gum b' fhada i on a' mhilleadh!
Dh'fheumainn ath-thilleadh fheuchainn.
Thog mi a' fòn – spèis gam philleadh,
lean seirm ... 's theab mi sgreuchail!

Mu dheireadh thall, chaidh innse dhomh:
'Tha i gun lot: slàn, sàbhailte!'
Is thug mi taing – seadh, anns a' spot:
'son slàinte aoin bha gràdhaichte.

A' Choille

Ghànradh mo chridhe
ga fhàsgadh 's ga thoinneamh
le nimh a bha soilleir
's gun nàire.

Bha olc san sgithinn –
aon bheul, le roille,
ri càineadh is coire
shad-ghràineil.

Ach, shir mi slighe
a-mach às a' choille:
à fàsach dhubh, dhoilleir,
ro-ghrànda.

Dhìr mi, lag-chridheach,
na b' àirde nan doire
gu fàrdach àrd, shoilleir;
gun sgàile.

B' fhada a chithinn
bhon àrainn ùir, sgoinneil –
fiù 's àmhghar mo mhoille
mhì-chàilear.

Rinn seo mo nighe:
mo chridhe gun dragh air;
is sgùradh an iongair
ghroid, bhàsmhoir.

Ballachan Àrda

Nam phrìosanach
thug mi sùil suas
air ballachan àrda,
dorcha, grànda.

Lean is lean
mo shùilean an-àirde
tron duibhre;
gu àite
far am facas
fosgladh fosgailte
tron tàinig
solas.

Ged a b' àrd
na ballachan gonail,
bha 'd dlùth ri chèile.
Mar sin, a' brùthadh
mo làmhan riutha
nam èiginn,
le sgairt mo dhà ghàirdein
's mo chasan –
is tarraing Aoin ghràsmhoir –
shreap mi an-àirde:

suas, suas, suas
’s a-mach ...

’s a-steach
do sholas,
A shonais.

Chaochail i.

Theab am brath
m' anail a thoirt bhuam.

Leum gach smuain
air ais trithead bliadhna
gu ar gealladh-pòsaidh …
’s ar dealachadh fhuar.

Thar nam bliadhnaichean ge-tà,
leagh reothadh cruaidh a' chràidh.

On àm sin – ’s gun dùil ris –
choinnich sinn aon triop, a-mhàin.
Gun mhiann suirghe a-nis gar tàmh,
mheal sinn bleadraich bhlàth a' bhàidh
mu thoileachas nar teaghlaichean àigh.

Dh'fhàg sinn a chèile sona ’s gun strì;
gun dùil gum b' e seo
ar mòd mu dheireadh
mus tigeadh a' chrìch.

Taing dhan Tì as àirde
gun do dhealaich sinn
an turas seo
gu càirdeil.

Le m' uile chridhe ge-tà,
tha mi 'n dòchas nach
robh do làithean deireannach
cràiteach.

Air 27 an Giblean 2023 chaochail i – na cadal,
ri linn buaidh aillse.

Carson? Carson? Carson? Carson?

On *flat* os mo chionn
chuala mi d' fhonn
rè reugan na maidne:
druma 's bonn.

Ach air do chluais
cha do rinn mi cagnadh;
oir lùiginn dhutsa
àrd-thogail aigne.

Sia sa mhadainn, sguir an ceòl –
an t-àm air an do chuir mi fadachd:
Is chualas do chas-cheumannan ...
gus an do mheal mise cadal.

Ochd sa mhadainn,
's mi nam shuain san t-sàmhchair,
bu chòir gun robh thu air a' flat fhàgail
's a dhol a dh'obair mar a b' àbhaist.

Uaireigin an dèidh sin
nochd d' athair aig do dhoras.
Cha b' fhada gus am facas solais
na h-ambaileans agus na poilis.

Carson nach do thuig mi doimhne do phèin?
Carson nach do thog mi an cagar-cèin?
Carson a chuir thu às dhut fhèin?

Carson? Carson? Carson? Carson?

Chuala mi Breug

Chuala mi breug
's mi suaint' san leabaidh,
tè nimheil, ro-oillteil,
's mi feuchainn ri cadal:
fear-labhairt ag aithris
gun d' chailleadh mo Phabaidh.

"Thuit d' athair dhan chuan
mòr-astar bhon chidhe."
Dhòirt fras dhe mo dheòir -
mo bhusan gan nighe.
An do chaill mi mo bhrìgh
is buille mo chridhe?

Cha toil leamsa sgiobair
nam breugan an-dràst',
am fear a dh'fhàg ceistean
is mi ragaicht' le cràdh.
Togadh e às dhachaigh
's na tilleadh e gu bràth!

Oir rinneadh mo Phabaidh
'son mise a dhìon;
gam chumail beò, sàbhailt'
bho lochd an t-slios' chrìon.
Às aonais chan fhaic mi
ach duibhre is pian.

Bha gàire bhlàth chridheil
air mo bhilean an-dè;
e gam ruaig tron mheall,
ò, bu sinne bha rèidh.
An tèid sinn ann tuilleadh?
Chaill mi dòchas gun tèid.

Bha esan ro-èibhinn
agus math air a' chluich
san fharsaingeachd bheannaicht'
a bha againn a-muigh.
Ach cha d' thill e dhachaigh
le a spòrs dhomh an-diugh.

Ma dh'fhàg m' athair mise,
dè 'm feum a nì caoineadh?
Bidh esan nam chridhe
gu saoghal nan saoghal.
Tha sàr-mhàthair agam
's cha bhi sinn nar n-aonar!

Sgrìobhte 09.01.89

TINNEAS IS LEIGHEAS

Còbhaid-19: Gearran-Màrt 2020

O shùilean loma
tha Còbhaid falaichte;
chan fhaicear cumadh,
no fiù 's carachadh.

Ach fàgaidh obair
làrach fheargach –
an spòr a' ghalair
tha tùs seargaidh:

teasach chunnartach,
cnàmhan ragaichte,
sgamhanan teannaichte,
fhann is lagaichte,

bho theas, gu fuarachd,
claoidht' is cadalach,
brù a' gòmadaich;
is spùt a' bagradh,

cuinnleanan sruthach,
slugan garbhlaich,
casad tioramachd:
cràdh shearbhachd,

cuimhne mhuladach,
buaidh mhaireannach?
Fuil a' tiughachadh –
bàs gar sgarachadh?

Rabhadh an Speisealaiche

B' ann gu slaodach
a thàinig an sìoladh
le leisge fhàsmhor
ro thric gam lìonadh:

sgìths gam bhacadh,
spionnadh a' crìonadh:
gun anail ga tarraing –
mo sgamhanan ga spìonadh.

Chaidh lèigh an sàs,
le eacarsaich chianail.
Ach, thuig e mo chàs
is bhrist e seo sìos dhomh:

mura deidhinn fon lannsa
leanadh am blianadh –
is thigeadh am bàs,
"an ceann dà bhliadhna."

’S Fhada Bhuam an Cadal

Sa uàrd,
uaireigin sa mhadainn,
mo chorp-sa fann...
’s fhada bhuam an cadal.

Euslaintich le srann:
am fuaim neo-ghann
a’ ruith gu trom, tric
a’ gleadhrach tro mo cheann.

Oidhche theth eile
a’ goid sgairt mo neirt.
Is cha lorg mo chom
cruth-cadail a tha ceart.

Sgolt ’ad mo chliathan,
tha m’ fheòil a-nis brùite;
a’ tionndadh, nam chràdh:
Ò, tha seo brùideil.

Ron lannsadh ge-tà,
cha d’ rinn mi ach cadal.
A-niste, nam chridhe,
nì mi dannsa san leabaidh.

Cadal an Dèan Mì?

B' fheàrr leam sìneadh,
ach seo mi san leabaidh,
mo sgamhanan nas saoire
's mi suidhe a chadal.

Casan a-steach?
Fada ro theth!
Dà ghàirdean a-mach?
Fuar air leth!

Truime nam anail,
mo sgamhanan a' lìonadh:
diogladh nam shlugan –
tha 'n rabhadh seo cianail!

Oir leumaidh an smugaid
a h-àirde – mar fhiadh ann
a' sgoltadh mo chliathain
gu cràiteach 's gu pianail.

Sùil eile air m' fhòn,
mi a' faicinn gach uair,
tha m' ùine a' sìoladh –
chan ann idir gu luath.

Gliog, gleog,
gliog, gleog.
Cha bhi do chorp
slàn a-nochd.

Casad Cràidhteach

Tha fios is cinnt agam
gu bheil lionn salach
fada shìos nam sgamhanan,
gu h-ìseal – a' falach.

Slaightear le phìochan
a' feitheamh, an sin shìos,
mus geàrr e leum suas,
gam chur às mo chiall.

Oir, nuair a thig casad,
tha lethean mo chliathain
a' glamhadh air m' fheòil –
mar chrogal mòr, fiadhaich.

Tha seo thugam!

Taingeil

Nam cheann, dh'adhbharaich an dàrna stròc
crìonadh. Ach,
tha am fèin-fhiosrachadh sin
air mo thuigse
a lìonadh.

Oir, mhothaich mi do sheann rudan
ann an dòigh ùr –
nithean a bh' agam roimhe, ach
an-diugh, a tha làn de thùr:

> 'S e sochair a th' ann an coiseachd.
> Tha sonas ann an òl.
> 'S e cothrom a th' ann an labhairt –
> fhad 's nach dèante còrr is tòrr!
> 'S e beannachd a th' ann an lèirsinn.
> 'S e tròcair a th' ann an ithe.
> Fiù 's a bhith ag èirigh.
> Cha bheag gach nì sin idir.

Tha àsan uile a-nis – gu mòr –
nam inntinn-sa nam beannachdan;
cho prìseil is cho glan ris an òr:
oir thog 'ad mi, à m' fhannachadh.

DÒIGHEAN A' CHINNE-DAONNA

Leasan Eòin a' Nà

Crith nam ghlùinean aig an doras;
thug mi orm ... a dhol ... a-steach.
Dè a th' agam-s' san àm dhorch
a chàras cridh' gu tur a shrac?

Rach mi, air chrith, tron chùlaist bhig;
bha 'n trannsa fada doilleireach.
Nochd mo nàbaidh le chridhe brist,
na sgàil-riochd: dubh gun soilleireachd.

Le mo sgòrnan ga theann-fhàsgadh,
Cà' robh facail cheart dha èiginn?
Ach dh'fhosgail e a ghàirdeanan;
's thuirt esan rium-sa, "... A m' eudail!"

Ghabh mi thuige – beul-bhalbh
na mo chabhaig, gràdh gun labhairt,
dhan rùm-suidhe: deòir gar dalladh.
Sa phasgadh bhlàth chaoin mo charaid.

B’ e làthaireachd, san là èislean,
an taic a b’ fheàrr dha anns a’ chàs.
Beagan bruidhinn, barrachd èisteachd;
b’ e seo a dh’fhoillsich Eòin a’ Nà.

Cluinntinn gun Èisteachd

Bidh cuid a' cluinntinn,
ach tric, gun èisteachd.
Nì 'm buidhre lèireadh
a sgoltas mar lann.

Is mòr an diofar
eatarra, m' eudail.
Gun spèis dha chèile
cha bhi càirdeas ann.

Obraiche Gàidhealach

Duine beag, cho làidir ri tarbh,
cho èasgaidh ri fiadh nam beann,
dealasach na obair 's mar an dealan,
le comas na làmhan is ealain na cheann.
Ìomhaigh an fhìor Ghàidheil a th' ann.

Nuair chuala sinn na dhìoladh e
dhan bhean a bh' aige aig aon àm,
ghabh sinn truas – 's bu chiallach e,
do neach leis fhèin, ach trang le clann.
Mar dhèanadh an Gàidheal: gun ghreann.

Le spàirn, gu dàn, choilean e obair:
gun ghearain is uile gun mhaill.
Thabhair sinn dha, le taing is togair,
a dhuais, a thaisg sinn na làimh.
Dìol-obrach a' Ghàidheil – na dheann.

Ach chualas leinn, an ùine ro-ghrad,
gun d' chiùrr e a chom leis an deoch.
Is fiù 's fo lèigh, cha b' urrainn dha stad:
e fo lionn-dubh, ìosal is bochd.
Grèim galair a' Ghàidheil – ro theann?

Ach cò bu choireach:
sinne,
e fhèin,
sprochd,
no an deoch?

Neil Peart is Rush

Chualas leinne mu a chaochladh
’s cha mhùchamaid ar deòra;
b’ e seo ar laoch: neo-chaochlaideach
o ’r deugaireachd nar n-òige.

B’ esan drumair ar n-àrd-chòmhlain
a thug ruitheam sònraicht’ dhuinn;
buillean sgileil: sgairt nan òran –
dhannsadh sinne le ar suinn!

B’ esan fhèin a sgrìobh na facail,
glic ’s le faiceall – leugh e tòrr,
chleachd e comhardadh is aicill:
b’ e am bàrd! Na b’ fheàrr na ’n còrr.

Cheasnaich Rush fìor staid’ an t-saoghail:
faoineas, gràin, doille lèirsinn.
Nuair a sgrìobh ’ad òrain gaoil
b’ ann sa chridh’ a bhiodh èisteachd.

’S tric, a-nis, a nochdas àsan
air mo sgàilean, uile slàn.
Uair no dhà thòisich rànaich;
oir dh’fhàg a bhàs toll is cràdh.

Nis cha chluinn sinn òrain ùra
a bu dùrachd 's mhiannach leinn;
iad mar thùis, làn de chùbhrachd:
togail sòlais tro am fuinn.

Seadh, air Niall, thàinig fannadh
aills' ga phronnadh: bàs ro ghrad.
Bheir sinn spèis dha, mar do leannan,
ged tha òrain ùr air stad.

Neil Ellwood Peart, 1952-2020

Dà Fhiadh

Smuain-ghlaiste air là disear
a' fulang cràdh – cridhe air briseadh.
Ach, làn de ghràdh, ghabh thu thuige:
ceum gu cladh na Cille Bige.

Is mòr an spèis a bh' agad dha:
do charaid dlùth, am fear a b' fheàrr.
Na chuideachd-san bhiodh spòrs is àgh
is Gàidhlig ghlan… is ceòl… is dàin.

Gad chòmhlachadh, dlùth ri d' chliabh,
le còmhradh 's craic, thar iomadh bliadhn',
gun ghuth air bàs – cha robh riamh;
ach, aig a leac, chrom thu sìos.

Sìos, sìos, dhragh am pian
d' uile bhith-sa: dubh, gun ghrian.
An sin stad tìm – às a rian,
oir ghlac do shùil an dà fhiadh.

Bha aonan bàn is aonan donn,
is reoth do bhith, o bhàrr gu bonn.
Le dàrna sùil – chaillt' am fear-fionn.
Ach, dhùisg ùr-thuigs' is dh'èirich fonn.

Cailleach (92) san Taigh-chùraim

Slàinte na h-òige;
euslaint' na h-aoise.
Òige làn dòchais;
seann tè tha claonta.

Craiceann mìn, bòidheach;
preasan san aodann.
Gàire is gòraich';
cridhe a' caoineadh.

Spionnadh? Làn cròige;
laigse na daorsa.
Seòlaid ri sheòladh;
cas-cheum a' faondradh.

Fradharc: glan òirdhearc;
duibhre sna sùilean.
Aislingean sòlais;
cuimhne na dùmhlachd.

Toiseach bha dòigheil;
seann aois a' spùilleadh.
Fèin-chinnt sa chòmhlan;
mì-chinnt na h-aonar.

Fòghlam: Nam Bithinn Òg

Nam bithinn òg, le mo shlàinte,
chuirinn fàilte air gach cothrom,
is dh'amasainn tòrr na b' àirde
le sùil fhàsmhor air mo sgoileachd.

Cha bhithinn leisg, le dùil bhàsmhor,
ach gu h-àghmhor, trang rim oilean.
Sheallainn suas, shirinn m' àite:
amas àirdeil. Seadh, air m' onair.

Ach saoil am bitheadh ge-tà?
An atharraicheadh mo nàdar?

Bòrd Dheuchainnean

Shuidh an teaghlach aig bòrd
mar a rinn 'ad roimhe.
Rinn gaoth a tuath an seòmar fuar
aig fìor chùl cùl an taighe.

Mhiannaich aon dhiubh sgiathan a' bhùird;
oir, bha 'am fear ud'
ri connspaid às ùr –
mar iomadh àm cheana.

Theich an tè bhog, is lean an tè bheag,
's màthair gach leanabh:
cearc-ghur gun bheat
le cridhe còir, geanail.

Ruith àsan às, suas an staidhre.
Theich 'ad uile air falbh;
's am balach? Dubh-oighre?
An leagh e, à sealladh?

Esan beag, tana, am balla gu chùl –
àirde mhì-shonais
fo sgàile dhubh-shùil
is fuath ghrod, ghonail.

Dh'fhairich e an t-slais. Ach, an turas seo
nuair thàinig a' phais ...
b' ann a thill esan tè
gu 'pheirceall air ais.

An robh sgiathan a' fàs air a' bhalach

Chunnaic mi Boillsgeadh (1992)

Nuair ghabh mi ceum dhan bhaile an-diugh,
chunnaic mi boillsgeadh de ghràs gun sgur,
gàirdeanan gràidh mun cuairt a cuirp
's i sìnte, leònte, air leac a-muigh.

Tè gun ainm, caillte sa bhaile,
cùiltean fuar' ga cleith o ar sealladh;
a' fulang càinidh 's fòirneart gharg:
is rùsgadh dhrùis mhèirlich gharbh.

Bu leòinte lannsadh domhainn a cràidh,
bha cridhe gun taic: dòchas dol bàs.
Gun chuimhne air blàths cniad a' ghràidh;
dhìse fo eagal, càit' an robh àgh?

Ach nochd an dithis, daingeann sa chàs,
oir b' aithne dhaib' fhèin fuachd nan sràid';
's thog àsan ise, len làmhan bàidh
'n-àird air a casan le gnìomhan gràis.

Nuair ghabh mi ceum dhan bhaile an-diugh,
chunnaic mi boillsgeadh de ghràs gun sgur,
cridhe a-nis blàth fo sgiathan ghur
's a' coiseachd le taic: misnicht' gu tur.

Dà Rùda Òg

Dà rùda òg
nan deann –
ceann ri ceann.
Beum, beum, beum!
Buille, buille!
Sgailc!

Le gach leum is slaic,
aon cheum ag iomain air ais,
ceum eile a' dol air ais,
dhan chlais:
aon a' buannachadh,
aon a' fuarachadh.

Mu dheireadh thall,
nochd dà rùda eile,
le taic dhan fhear
a bha a' call.

Ruaigeadh an nàmhaid
a bha gun chàraid:
gu grad 's gu gràineil!

Ach bha e àraid.
Oir, sheas
sia eile dhiubh
gu sìtheil, bàidheil
san aon ghàrradh.

Vincent 's Teò

Bha aon chala agad,
fasgadh sa ghailleann:
do bhràthair gràdhach
a chreid nad ealain.

Fon Uachdar

An talamh air a bhuaireadh
le teas làbha fon uachdar;
crith-thalmhainn a' gluasad,
a' feitheamh air an uair ud,

nuair a spreadhas a' bheinn-theine
mar a leumas sgal à leanabh –
mar a dh'èirich asad 'cheana,
fo dhòrn teaghlaich nach robh geanail.

B' e sin tùs a' bhrùthaidh-fala
a ghiùlain bith – teas nad cheallan,
le fliuch-fhallas air do mhalaidh
is an caothach a bhios gad dhalladh.

Ò, rinn d' fhearg easan-dòrtaidh,
ruith mòr-dhìle tro do phòran,
air nach cumte smachd no òrdugh,
air sgàth gonadh cheum na h-ònrachd.

Ach, a-nis tha thu nas sine,
fiù 's air dithis chloinn' a ghineadh.
An sìn thu 'n teas sin air innean –
a' cruthachadh ùr-chleas cinnidh?

An Clamhan

Siud thu fhèin
led itean glana
air do ghèig
a' sealltainn sìos,
a' feitheamh air càr
a nì d' obair dhut:
a' toirt buille-bàis
do chreutair chrìon.

Le dèidh
thèid thu sìos
air sgèith
a dh'ithe do làn,
mar a nì
luchd-stiallaidh mhaoine
oifisean chalpachais,
nan deiseachan spaideil:
a' feitheamh air càs
chompanaidhean
nach fhàs.

Ach, a' chlamhain
tha leisgeul agadsa:
chan ith thusa
ach gu leòr
airson do chumail beò.

Tha iadsan ge-tà,
le sannt nàireach
a' cagnadh chompanaidhean
do-àireamh,
's a' cur orra
saill thar saille:
gus an sgàin 'ad ...

is gun ith fang iadsan.

Mo chead aca.

An Druid

Thuit thu
sìos ar similear
dhan àite-teine
neo-laiste, dhùinte.

Gu faiceallach, gaolach
thug mi a-mach thu
’son do thoirt
chun na h-uinneig:
gad shaoradh.

Ach theich thu
às mo ghrèim.

’S a riabhach!
Ghlamh an cù ort -
an dearbh nì nach robh mi
ag iarraidh.

Bu choltach rinne thu:
ro thric a’ feuchainn ri leum
à làmh ghràsmhor
Dhè.

GÀIDHLIG/DUALCHAS

A' Ghàidhlig Chlasaigeach Chumanta

Bha a' Ghàidhlig chlasaigeach chumanta
beò gu meadhan na h-ochdamh linn deug,
is thuigeadh sinne beul-chainnt na h-Èireann
mar a thuigist a chèile riamh.

The William, 1739

A h-uile càil na thost mun bhàgh:
gach bàt' is geol' air acaire,
gach teaghlach clos, aig fois, nan tàmh,
gun nì sam bith gam bacadh-san.

Gu Loch Bhracadail san t-Sultain
seachd ce'd deug trithead 's a naoi,
sheòl bàt'-bathair air tòir luchda
a bhiodht' gun cheist gu mòr a' caoidh.

Chuir an sluagh orra fàilte
's ghabh 'ad cuireadh a dhol air bòrd.
Ach, bha seasgad dhiubh a' fàgail –
air an glasadh, shìos sa hold!

À sin sheòl 'ad a dh'Fhionnasbhagh
's a Loch Portain fo rùn tàireil:
air tòir fheadhna air mhòran stà
gus an cur an grèim nan tràillean.

Ghoideadh ceud 's a h-aon deug:
fir, mnathan agus leanabain,
a bha, gun fhiost', a' dol sìos
fo bhraighdean, a dh'Aimeireaga.

Stad 'ad oidhche an Domhnach Daoi;
is ruaigeadh 'ad gu nàrach
fo mhaoidheadh-airm, air an claoidh:
gan cròdhadh teann a dhà bhàthaich.

Ach, sa mhadainn, cha robh fo bhruid
ach ochd deug fhathast glaiste.
(Ro aosta is ro thinn bha cuid,
airson teiche air chois, astar.)

Ruith an còrr dhiubh; Ò, rinn iad às
gu tuathanaich an àite,
a ghabh tròcair orra gu bras
le aoigheachd nam mìle fàilte.

Thuirt am Bàillidh le uile bhith
nach do rinn ach sianar dhiubh
eucoir-lagha de sheòrs' sam bith;
is thug e dhaibh an saors', gu tur.

Ach, shlìog na fìor eucoraich às:
an Caiptean D (seòltair-linne);
Sgalag Hearach (an deachdair cas);
dà cheann-cinnidh ('thrèig am fine).

Na h-eucoirich: Capt. Davidson; Norman MacLeod of Harris (agent); Alexander MacDonald of Sleat; Norman MacLeod of Dunvegan. Ainmichte sa Bheurla air sgàth am mì-rùn mòr.

Gar Cath dhan Bhàgh

Shaoileadh feadhainn gun robh sinn bochd,
car baoth, gun lochd, sìmplidh, àrsaidh;
gun uallaichean, no adhbhar sprochd
nar saoghal geal, grinn gun ghràndachd;

daoine slac' nach iarradh mòran,
beò gun dòrainn, aoigheil, càirdeil;
gun fheum air cus, ach an glòran:
rud as lugha 's bhiomaid sàsaicht'.

Chailleadh sealladh air àm ar cràidh
's air iomain-gràin ar sguabaidh;
oir bha 'ad ceàrr ar cath dhan bhàgh.
Cha d' theagaisg sgoil mur ruagadh!

An t-Uisge Againne

Nar n-òige,
choisicheamaid chun na h-aibhne
a tharraing uisge.
Oir bha e riatanach.

Rè àm tioram
rachamaid na b' fhaide a-mach,
dhan Ghearradh Bhuidhe,
chun na tobrach.

An-còmhnaidh,
thilleamaid gu faiceallach
le ar cuinneagan làn
de dh'uisge lainnireach.

Niste cha chaillear ùine a' coiseachd,
oir, thig uisge thugainn,
tro phìob 's tro ghoc,
a' dòrtadh a-steach.

Ach, ò, mar a lùigeamaid làn-beòile fhaighinn
an-diugh,
dhen fhìor-uisge ghlan a bh' againn an-dè,
's chan e an steall ùr seo a tha
loma-làn le clòirin.

A' Chlach-gheurachaidh

Os mo chionn tha dealbh mo Sheanar:
esan ri taobh a' chlach-gheurachaidh –
a bhas, a chorragan 's a ghàirdean
gus an làmh a chuairteachadh.

B' iomadh maol-chorran, speal is sgian
air an do chuir ar liagh faobhar geur.

Ach 's fhada cian o thriall a làithean-san
is bhon a lobh frèam-fiodha na cloiche
san ùir air cùl na bàthcha.

An-diugh, tha a' chlach agamsa
na suidhe air frèam ùr còmhnard, bàn ...
na tàmh.

Oir, 's fheàrr leamsa na faobharan maola
a thig gu clasaichean-geurachaidh.
Is math as fhiach an gleusadh.

Le taing do Sheumas Heaney

Latha a' Ghaisgich

An-dè:
Nuair ghabh an gunna àite a' chlaidheimh,
thuirt Dòmhnall Cam MacDhubhghaill:
'Tha latha a' ghaisgich seachad.
Tha an duine lag a-nis cho math
ris an duine làidir.'

An-diugh:
H-abair gu bheil teicneòlas againn
le sanasachd shoilleir, thlachdmhor,
is liostaichean mòra gràmair
le briathran à iomadh faclair.

'S bheir sinne ar mòr-fhàilte
dhan dùn de dh'fhacail fhàsmhor,
is mealar taic ùr-chàirdean
bho àirdean às gach àite.

Ach, na biodh gnùis gach gnàthais
air pàipear is air sgàilean,
gun dùrd à dùthchas àlainn
nan Gàidheal ghleusta, àrsaidh:

Oir, is e dìmeas tàireil
nach èist ri 'r cainnt, no clàran,
no òrain bhinn mhòr-ghràdhaicht'.
làn fhuaimean blast' ar cànain.

POILITIGS

Ar Saoghal An-diugh

Poilitigs gun seagh,
ar Poilis gun lagh
’cur bhochdan dhan chladh,
le fuath ’s gun dragh.
Dh’fhàg bancairean clis
eaconamaidh bhrist’,
is radain na rèis’
fo sprochd agus èis.

Tha ’r clann ann an dìth
aig bancaichean-bìdh:
pàistean a’ caoineadh
’sgàth shannt ‘àrd-dhaoine’.
Tha sluagh gun àgh
nar prìosain ro-làn.
Air sràidean gun ghràdh
tha caismeachdan gràin.

Dìlean gar bàthadh,
gèiltean gar n-ànradh,
beathaichean bàsmhor,
àile làn charboin;
àrainn a’ luasgadh,
coilltean gun fhuarachd,
gaoth-chuairtein gar draghadh,
eigh-shruthan a’ leaghadh.

Tha treudan gan call
'sgàth shealgairean dall
reic ìbhri nach slànaich:
mòr-ghòraich' chùis-nàire.
Luchd-turais a' gànradh
mòr-àille shàr-àitean.
Èisg fo dhubh-thàire
le plastaig gam bàthadh.

Tha tuiltean a' taomadh,
eilthirich a' caoineadh;
masladh ghràin-cinnidh
gun ghuth air ar n-inne.
Tha an saoghal seo brist'!
Ach, an èist sinn a-nis?
Feumar dùsgadh gu clis,
mus dùinear a' chist'!

COP a' Cabadaich

Siud sibh uile aig co-labhairt
a' cab, cab, cabadaich gun sgur.
Ach mura tachair nì a ghealladh,
chan èist sinn ri aon ghuth!

Luchd-poilitigs àrd, allail
a' siu, siu, siubhal ann gu tur,
trang a' losgadh iomadh galan
connaidh – bhon ola dhubh.

Rè gach òraid bhlàth gar mealladh
le blead, blead, bleadraich, mar thuil.
Ach leagh deigh a bhris air falbh' –
's e cho teth ri ar fuil!

Dh'èirich àirde àrd na mara
a' taom, taom, taomadh, bog-fliuch;
rach tìr eile glan à sealladh,
bhàite i fon mhuir – an-diugh!

Tha cuid cuideachd sa cho-labhairt
ag os, os, osnaich: bhàrr gu bun.
Is, gun dòchas èiridh fearg
mura toir sibh càil gu buil!

Mar sin, tha ’n steall a’ mùchadh,
’s a’ tachdadh – le shùghadh dhan fheur;
coltach ris a’ Bheurla rùchdail
dhòirt oirnn’, nach d’ dh’iarr i riamh.

Plastaig 's Leaghaidhean

Tha am plastaig a-nis gar buaireadh
is ar truailleadh-sàil gar marbhadh;
a dh'aindeoin gach rabhadh a fhuaireadh,
bha ar tràilleachd dha air a dhearbhadh.

Tha sinn a' mùchadh mòr-sgaothan èisge:
'ad nan èiginn a' tachdadh nar treallaich;
sinne, air an àrainneachd a thrèigsinn,
le ar miann, is mòr-shannt gar dalladh.

Ithidh na h-èisg mhòra feadhainn bheaga
's gun teagamh ithidh eòin iadsan;
is thèid sinne air 'seòlaid nan creagan'
gan cnàmhach às dèidh an iasgachd.

"Cha do dh'fhàs ar càs, fhathast, ro-dhona."
Ach, nach gonail tur-bhàs nam beathaichean?
Is carbon 's lasadh chraobhan mì-mhoralt'
a' cur teas fon deigh, ri sgrios-leaghaidhean!

Loisg teinntean-fosail Nàdair ar sòlais
ged a bha eòlaich gu tric gar càineadh.
Is luchd-àichidh a' brùchdadh an ròlaist
anns gach nàisean: sannt-phoilitigs shàraicht'.

Is mòr ar ceannach air còmhdhail bathair
aig muir, san adhar, air ròidean-bhùithtean:
is òson ga sgrios, èidhear ga chreachadh,
sgàth similearan malairt 's an spùtaidh.

Feumaidh sinn faicinn: mòr-shaoghal na
phèin,
is seasamh le chèil' ri ùr-spàirn cath'aidh,
Is dè an t-sabaid a dhèanainn-sa fhèin?
Am mòr am feum bhith 'g obair bhon
dachaigh?

Breatamach

Bu phrìseil dhuinn an sìneadh-làimh'
a thog drochaidean is ròidean;
's aonadh-malairt a neartaich dàimh
ri ar càirdean san Roinn Eòrpa.

Dhiùlt Sasainn Bheag ar nàbaidhean
a thug dhuinne taic is dòchas.
Le rabhdan mòra sgànrachail
thrèig na fealltaich an Roinn Eòrpa.

Ach àsainn leumaidh aon àrd-èigh:
"Chan ann nar n-ainm-ne ge-tà!
Chan ann an-diugh; cha b' ann an-dè,
is, chan ann gu sìorraidh bràth!"

Cumha ar Meallaidh

A dh'aindeoin gach cleas
gus ar cumail o sgaradh,
cha robh gin ann a chumadh
dòrainn air falbh.

Ruith mìorun le greas,
shìol gliocas à sealladh.
Cha do dh'fhàgadh ach tuireadh –
cumha ar meallaidh.

Dòmhnall Iain

Cha toigh le Dòmhnall
craicinn 'dhonna'
Cha toigh le Dòmhnall
daoine 'dubha'
Cha toigh le Dòmhnall
clìtheich 'gheala'
Cha toigh le Dòmhnall
Sìnich 'bhuidhe'.

Is toigh le Dòmhnall
craiceann 'orains'
Is toigh le Dòmhnall
cìreadh 'dona'
Is toigh le Dòmhnall
àileadh ola
Is toigh le Dòmhnall
Nàsaich ghonail.

Is toigh le Dòmhnall
mnathan 'laga'
Is toigh le Dòmhnall
Un beag bragail
Is toigh le Dòmhnall
Vladi' na Ruis
Is toigh le Dòmhnall
a ghuth fhèin: cus.

Is toigh le Dòmhnall
an Klu Klux Klan
Is toigh le Dòmhnall
fìor-amadain
Is toigh le Dòmhnall
'bhith tarraing drèin
Is toigh le Dòmhnall
a bheachd bheag fhèin.

Is toigh le Dòmhnall
sgàthan-seallaidh
Is toigh le Dòmhnall
mamon salach
Is toigh le Dòmhnall
strì is buaireadh.
Is toigh le Dòmhnall
cumhachd uaibhreach.

Cha toigh leinne Dòmhnall!

Baile Uí Mhurchú, Béal Feirste, 1971

H-abair sealladh nàr sa bhaile,
bàs ga stealladh – linne fala!
Air mo ghealladh, fan air falach
o gach *Para* gràineil, carach.

Brùideil, bragail, beò 'son sabaid,
'ad fo fhadachd sìth a spadadh.
Air gach agairt rinn 'ad magadh:
grad, gun bhagairt; mhurt 'ad sagart.

Nimh gan dalladh, feòil ga gearradh,
le srad-sgaradh shrac 'ad barrachd;
b' olc an sealladh: bàs gach gealladh.
Deichnear, marbh. Cràdh nach fhalbh.

Cuirp gun anail: Seallaibh! Seallaibh!
'Ad a' fealladh, fìrinn-dhealaicht';
Lagh ga mhealladh, ceartas falaicht'.
Caogad bhalbh – masladh maireann.

Birmingham, Alabama, 15mh dhen t-Sultain, 1963.

Àrd-cheannas nan daoine geala?
Istibh, an ainm an t-sealbh!
Dh'fhàgadh ceathrar chailin marbh.
Gun sgot! Na bi air do mhealladh!

Bha iad san Eaglais Bhaistich,
clann òg air nèamh na b' fhaisge.
Rud nach robh an nàimhdean mhaslach.
Feumar cuimhn' air seo a thasgadh.

Dubh-ghràin

Dh’fhuiling, Ò dh’fhuiling
ar càirdean còir dubha;
dh’fhuiling ’ad uile
sad-ghuineadh ro-ghràineil.

Dh’fhuiling, Ò dh’fhuiling:
gu tàireil mòr-chunnart,
dh’fhuiling ’s lot-bhuillean,
is struilleadh nan tràillean.

Dh’fhuiling, Ò dh’fhuiling
’ad ànradh gu buileach;
dh’fhuiling is tuilleadh
gun tuineadh san fhàsaich.

Dh’fhuiling, Ò dh’fhuiling
na mnathan gun duine;
dh’fhuiling ’ad sgioladh
san iothlainn: do-àireamh.

Dh’fhuiling, Ò dh’fhuiling –
gu gràineil fon ghunna –
dh’fhuiling gach aonan
gun churaidh nan àmhghar.

Sguireadh! Ò sguireadh
an sgaradh nar cruinne.
Sguireadh 's an luinneag
gun tuireadh 's gun nàire!

Darnella Frazier 's a Fòn

Chan urrainn dhomh
gabhail ri 'r barail:
gràin-cinnidh grod gur dalladh.

Chan urrainn dhomh
creidsinn, 'a bhalaich'
mòr-mheud oidhirp do mheallaidh.

Chan urrainn dhomh
cumail à sealladh
gun d' thog am fòn do dhealbh.

Chan urrainn dhomh
creidsinn a bharrachd
do bhinn; ach taing dhan t-Sealbh!

Chan urrainn dhomh
m' anail a tharraing
le do ghlùin trom air m' amhaich.

Derek Chauvin "ciontach" "ciontach" "ciontach" de mhurt George Floyd (20.04.21).

Lèine-T Dhearg

Bha an cuan dhuinn na àradh
ceum an àirde, os cionn gach sgòth,
às ar dùthaich, dubh is bàsmhor;
nis cha b' eagal dhuinn sgàil no sgleò.
Ghabh sinn gu muir, slàint' air fàire:
shìoladh tàire is thogadh ceò,
dhìreadh grian – gu a h-àirde
le deàrrsadh teth an Tìr nan Òg!

B' e seo a-nis ar turas àigh
is sheòl sinn às gu fasgadh bàigh;
fo sgàil na h-oidhch' le cead an làin
gu madainn ùr, gu tìr ar dàin.
Nar sgollag bheag, a bha ro làn –
le barrachd innt' na cheadaich slàint';
theich sinne às on chumha-gràin
le dòchas ùr, is fonn nar dàn.

Chleachd ar sgollag, beart neo-shàmhach
(tè neo-ràmhach, gun fheum air seòl).
Rinn sinn gu grad, mar bha gnàthach
tron oidhche dhorch' le crith nar feòil.
Ach chuir i car – an tuinn àrda,
tubaist ghrànda – bha sinn gun eòl.
Anns a' mhuir dhubh shlais gach gàirdean.
An grèim eagail: m' fhuil fhèin is m' fheòil.

San t-sàl shaillte, bhàthadh gàire.
Chaill mi m' chàirdean a lùiginn beò.
Air an tìr shìn *Aylan*, bàsmhor:
ar pàiste beag gun bhlàths, gun deò.
Ri thaobh, *Rihan*, b' is' a mhàthair;
is a bhràthair, *Galip* – mo bhròn!
B' i bean mo ghràidh, àsan m' àl-sa.
Shluig a' mhuir 'ad. Is stad an ceòl.

Bhàthadh Aylan Kurdi (2/3) air an dàrna là dhen t-Sultain, 2015. Fhuaireadh e air a bheul fodha san t-sàl air gainmheach Eilean Chois. Chaochail a bhràthair, Galip, (5), agus am màthair, Rihan cuide ris. Dhen dlùth-theaghlach aige cha robh beò ach athair. Bha iad a' teiche à Kobani, Syria.

Shafilea Ahmed (1986-2003)

Las do bhòidhchead meud an sgàilein –
sùilean àlainn, tlàth, neo-bhragail,
làn de dhòchas is mòr-chàileachd;
aghaidh bhàidheil 's falt dubh fada.
An sgoil d' òige sheòl thu 'n-àirde:
lagh a b' fheàrr led inntinn shnasail.
Mhol cò-aoisich thu 's do thàlant
oir bu chàilear dhaibhsan *Shafi*.

Dh'imrich d' athair-sa a Shasainn
às a dhachaigh, an *Gujarat*.
Is thug e leis a sheann fhasain,
nòs a threubha – ach glèidht' fo ad.
Oir, air falach, chuir e geasan,
le danns'-chleasan, gu foillteach bras.
Ò, air an deoch, bha e bragail,
is phòs ar gaisgeach *a white lass*.

Phòs e nuair sin tè dhe chàirdean,
leum i h-àirde, na deann a-nall.
Siud modh àrsaidh nis san fhàrdaich
gun dragh a' choin do mhodh nan 'gall'!
Thog 'ad sibhse san nòs aosta:
chùmte mùchte, mar dhèante thall.
Ach bha miann òg a' brùchdadh:
fuinn is fasain le saors' neo-mhall.

Las mòr-chaothach – teine cràbhach –
neart ro-sgànrach dhràgoin le drèin,
leagh an làrach: loisgt', na fàsach,
fo theas gun ghràdh à àmhainn chèin.
Tric gad dhochann, seadh, am pàiste!
An dithis phàrant agad fhèin?
Dh'fhàg ad goirt thu, brist 's a' rànaich,
a-muigh 's a-staigh, bha thu nad phèin.

Theich thu, leanaibh, tric is minig,
leòint' nad spiorad, le inntinn ghoirt.
Ach bha barrachd foill ri ghineadh,
oir shad d' fhuil fhèin am pòsadh ort.
Dhragh ad thusa gu do chinneadh:
stuth-neòil; dhinneadh dha do dheoch.
Dh'fhàg sin droch bhuil – laigse 's tinneas,
oir dhiùlt thu gèilleadh anns an spot.

Mu dheireadh, dhuts', thagh 'ad am bàs
air sèise: nàr, le baga; olc!
Nach robh nì ann, aon chàil a b' fheàrr
na binn a' bhàis, a chailin bhochd?
Gad chumail sìos, dh'èigh do Mhà,
"Cuireamaid crìoch air ... an seo!"
Is thachd 'ad thu: an grèim an gràin.
Ach cò a-nis tha glaist' a-nochd?

Tùtù

Tha De Klerk na shuidhe
an àit' an duine dhuibh,
le mòr-smachd nach creidear
nar saoghal *ùr* an-diugh.
Tha gràin aig' air Tùtù,
ga chumail fad' a-muigh.
Ach nì sinne guidhe
gun tig an t-àm dha sgur.

Fo bhrùthadh a' bhagraidh
aig dream air an dalladh,
togar ris na gunnaichean
ach am fan e balbh.
Ach chì sinne carson
nach trèig e a thalamh,
's nach gèill Maighistir Tùtù
ri nimh nàimhdean geala.

'S tric a chaillear sealladh,
air mòr-fheum aon tuigse:
g' eil dath an taoibh a-muigh
gun doimhneachd na ruigse;
le aon chinne-daonna
gu fuil bhlàth ar cuislean,
tha sinn uile ionann
nar saoghal fad-ruigseach.

Sgrìobhte ann an 1989.